믿을 수 없는 동물의 대이동
동물들의 기나긴 여행

마이크 언윈 글　제니 데스몬드 그림　안성호 옮김

따리

이동 중인 동물들	5
고래의 긴긴 여행 : 혹등고래	6
얼음 위를 걸어서 : 황제펭귄	8
거대한 무리의 대 횡단 : 카리부	10
북극에서 남극까지 : 북극제비갈매기	12
숲속에서 파닥파닥 : 제왕나비	14
여행 중인 댄서 : 아메리카흰두루미	16
가자 아프리카로 : 제비	18
높은 고도의 장거리 비행 : 된장잠자리	20
떼 지어 다니는 물고기 : 남아프리카정어리	22
넓게 펼친 방랑하는 날개 : 나그네앨버트로스	24

바다를 향해 흐르는 붉은 강:크리스마스섬붉은물게	26
바다 위에서 윙윙:붉은목벌새	28
높은 산 위에서:쇠기러기	30
한 곳에 머무르지 않는 크고 흰 상어:백상아리	32
초대형 동물의 여행:아프리카코끼리	34
상류로 거슬러 올라오는 연어:태평양 연어	36
물고기를 향해 멀리 넓게:물수리	38
풀을 찾아 이동하는 발굽들:검은꼬리누	40
과일이 좋아:볏짚색과일박쥐	42
거북의 귀환:바다거북	44
세계 지도 속 이주 동물	46

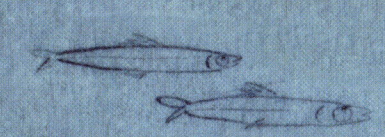

이동 중인 동물들

우리가 가을 하늘을 날고 있는, 태어난 지 겨우 2개월도 안 된 새끼 제비라면? 우리는 몇 주 전에 처음으로 둥지를 떠났는데, 앞으로 수천 킬로미터 먼먼 아프리카까지 날아가야 한다. 그리고 도전은 거기서 끝이 아니다. 내년 봄, 스스로 둥지를 만들 수 있게 될 때쯤 다시 유럽으로 날아와야 한다. 실제로 제비는 살아 있는 동안 매년 유럽과 아프리카를 오가는 긴긴 여행을 한다.

그러나 제비가 장거리 이동을 하는 유일한 동물은 아니다. 전 세계의 수많은 동물들이 산맥, 사막, 바다를 가로지르며 이와 비슷한 여행을 한다. 이러한 여행을 이주라고 하는데,

그 여행 방법은 매우 다양하다. 새는 하늘을 날아서, 코끼리는 땅 위를 걸어서, 거북은 바닷속을 헤엄쳐서 이주한다.

대부분 동물들은 계절이 지남에 따라 변하는 환경 때문에 이주한다. 먹이를 찾을 수 있고, 새끼를 안전하게 기를 수 있는 새로운 장소로 이동하는 것이다. 이는 혹독한 날씨와 굶주린 포식자로부터 살아남아야 하는 매우 위험한 일이지만, 이동하지 않고 계속 한 곳에 머무르다가는 살아남기 더 어려워질지 모른다. 자, 이제 전 세계 서로 다른 20종의 동물들의 여행을 따라가 보자. 그 동물들은 과연 어떤 놀라운 이야기를 우리에게 들려줄까?

고래의 긴긴 여행

새끼 혹등고래는 어미에게 딱 붙어서 깊고 푸른 바다를 가로지른다. 태어난 지 6개월밖에 안 된 새끼의 몸무게는 코끼리와 비슷할 정도로 크지만 그래도 어미가 필요하다. 이들은 긴 여행을 앞두고 있다. 긴 이동 기간 동안 어미는 새끼를 보호하고, 새끼가 더 크고 강하게 자라도록 모유를 먹인다.

어미 혹등고래는 겨울에 따뜻한 호주 근처 태평양에서 새끼를 낳는다. 많은 혹등고래가 이곳에서 새끼를 낳고 돌본다. 새끼를 돌보는 동안 어미 고래는 아무것도 먹지 않고, 지난 여름 동안 몸에 비축해 둔 지방을 에너지원으로 살아간다.

고래는 다시 배고픈 상태가 되면 먹이를 찾아 남극을 향해 이동한다. 남극에 도착하면 여름이다. 차가운 남극의 바다에는 고래가 제일 좋아하는 먹이인, 새우와 비슷한 작은 생명체, 크릴로 가득하다. 앞으로 약 6개월 동안 거대한 입으로 크릴을 꿀꺽 삼켜 먹으며 지낼 것이다. 새끼들은 곧 어미를 따라 크릴을 먹을 수 있게 되고, 추위를 견디는 데 필요한 두꺼운 지방층을 만든다.

4월쯤 혹등고래는 북쪽으로 돌아간다. 이제 새끼 혹등고래는 자신을 스스로 지키기에 충분히 컸다. 따뜻한 태평양에서 새끼들은 꼬리로 물을 철썩 치고, 때로는 표면 위로 뛰어오르며 바다에서 첨벙거리고 놀 것이다.

새끼 혹등고래는 10살이 되어야 다 자란 성체가 된다. 앞으로 살아 있는 동안은 매년 따뜻한 태평양과 차가운 남극 사이를 이동하며, 해마다 25,000킬로미터 이상의 긴 여행을 해야 한다. 이것은 지구상 어느 동물보다도 긴 수영 거리이다.

혹등고래는 18미터까지 자란다. 이 고래는 새끼를 낳았던 곳인 따뜻한 바다에서 겨울을 보내고, 여름에는 먹이를 찾아 극지방으로 이주한다.

얼음 위를 걸어서

부들부들, 부들부들! 추운 남극의 한복판에서 수 킬로미터에 걸쳐 볼 수 있는 것은 빙하뿐이다. 남극의 언 땅 위를 한 줄로 걸어가는 무리가 있다. 멀리서 보면 이들은 마치 사람처럼 보인다. 하지만 자세히 보면 펭귄이라는 것을 알아챌 수 있다. 그들은 각자 앞에 있는 펭귄을 따라간다. 빙하 위를 걷고 있는 이 동물은 세상에서 가장 큰 펭귄인 황제펭귄이다. 황제펭귄은 유일하게 남극 한가운데서 번식하는 펭귄이다. 겨울이 다가오면 바다를 뒤로하고 번식지인 내륙으로 이주한다. 이는 거의 100 킬로미터에 가까운 거리이다. 때로는 배를 깔고 엎드려 얼음 위를 썰매 타듯 하는데, 그것은 지친 발을 쉬게 하기 위해서이다. 번식지에 도착하여 짝을 지은 펭귄은 그들 만의 영역을 찾는다.

암컷은 하나의 알을 낳고 낚시하러 바다로 되돌아가고, 암컷이 떠난 동안 수컷은 따뜻한 발로 균형을 유지하며 알을 돌본다. 얼어붙는 듯한 추운 겨울 내내 번식지의 모든 수컷은 옹기종기 모여 있다. 알이 부화하면, 새끼를 부드러운 깃털을 이용해 각자 배 아래에서 따뜻하고 안전하게 돌본다.

4개월의 추운 계절이 지나면 암컷 황제펭귄은 물고기를 가지고 돌아온다. 새끼 펭귄이 바다까지 스스로 행군할 수 있게 되는 12월(남극의 여름)까지 암컷과 수컷 펭귄은 성장하는 새끼에게 먹이를 주기 위해 서로 교대한다. 여기서 새끼 펭귄은 스스로 먹는 법을 배우며 바다로 향한다. 4살이 되면 다 성장하여 번식할 수 있게 되고, 아비 어미 펭귄처럼 여행하며 내륙으로 이주한다.

황제펭귄은 세상에서 가장 큰 펭귄으로 남극에만 있다.
여름에는 바다에서 물고기를 잡아먹고 살며,
겨울에는 번식하기 위해 내륙으로 이주한다.

거대한 무리의 대 횡단

첨벙첨벙! 카리부가 차가운 물속으로 뛰어들며 헤엄치기 시작한다. 어미 뒤에 바짝 붙어 있던 새끼 카리부는 잠시 망설이지만 곧 어미를 따라 물속으로 뛰어든다. 수면 위로 머리를 내놓고, 물속에서 긴 다리를 열심히 움직이며 두 마리의 카리부는 함께 강을 건넌다. 센 물살은 헤엄치는 카리부를 출발한 곳보다는 아래쪽으로 보내지만, 카리부는 곧 경사를 기어오르며 강을 건넌다. 두꺼운 털에 묻은 물을 탈탈 털며 계속 걷는다. 이렇게 또 하나의 강을 안전하게 건넜다. 두 마리의 카리부는 전혀 외롭지 않다. 수천 마리가 이들보다 먼저 강을 건넜고, 수천 마리 이상이 뒤를 따르고 있다. 이들 무리는 모두 합쳐 10만 마리 이상이다. 이들은 남쪽으로 이주하면서 몇 주에 걸쳐 여러 강을 건넌다.

카리부는 북아메리카의 가장 북쪽에 사는 야생 순록이다.
툰드라라고 불리는 탁 트인 북극 평원에서 여름을 보내고,
숲속에서 겨울을 보내기 위해 거대한 무리를 이루어 남쪽으로 이주한다.

카리부의 긴 여행은 여름을 지냈던 북극해 해안을 따라 내려오면서 시작된다. 암컷은 그 해안에서 새끼를 낳았고, 지금은 숲을 향해 내륙으로 가고 있다. 숲은 겨울의 무서운 추위로부터 카리부를 보호해 줄 것이고, 숲에는 발굽으로 눈을 파면 먹을 수 있는 이끼가 충분하다. 그리고 봄이 되면 다시 바다를 향해 되돌아간다.

카리부들은 물 밖으로 올라와, 먼저 강을 건넌 카리부들과 함께 행진하며 다시 무리를 이룬다. 이들은 지쳐도 쉬지 않는다. 혹독한 날씨와, 늑대와 같은 또 다른 위험이 기다리고 있다는 것을 잘 알고 있기 때문이다. 무리는 항상 가까이 있는 형태를 유지하고, 곧 다시 움직인다.

북극에서 남극까지

한여름의 북극 근처에서는, 시계가 자정을 가리켜도 태양은 여전히 바다를 환하게 비추고 있고, 북극제비갈매기는 파도 위를 날아다닌다. 하늘을 날며 은빛 물고기 떼를 염탐하다가 아래로 급습해서 날카로운 붉은 부리로 한 마리를 잡아챈다. 이 물고기는 배고픈 새끼에게 먹이로 줄 것이다! 부리로 꿈틀거리는 물고기를 꽉 잡고 육지에 있는 둥지로 돌아간다.

여름은 북극제비갈매기에게 제일 바쁜 계절이다. 북극 지방은 여름 동안 태양이 지지 않는다. 그래서 북극제비갈매기는 하루 24시간 동안 어린 새끼에게 물고기를 풍부하게 먹을 수 있다. 극지방의 다른 동물들도 바쁘다. 북극곰은 빙하를 가로지르는 물개와 물범을 쫓아다니고, 고래는 차가운 바다에서 한입 가득 플랑크톤을 걸러 먹는다.

반면, 겨울 동안 바다는 꽁꽁 얼어붙고 온종일 어두워서, 이 바닷새는 따뜻하게 지낼 곳과 먹이를 찾아 남쪽으로 이주한다. 북극제비갈매기는 다른 동물보다 더 멀리 이동한다. 이 새들은 온 힘을 다해 대서양 아래 남극까지 가는데, 그것은 북극이 겨울일 때 남극은 여름이기 때문이다. 그리고 하루 24시간 빛이 있어 북극제비갈매기는 원하는 만큼 오랜 시간 낚시를 할 수 있다.

북극과 남극을 가로지르는 북극제비갈매기의 장대한 여행은 어느 동물보다도 먼 거리의 이주다. 매년 77,000킬로미터까지 여행하므로, 북극제비갈매기가 평생 동안 이동하는 거리는 지구와 달 사이를 3번 왕복하는 것과 같다. 겨우 티스푼 하나 정도의 무게를 가진 이 작은 새는 이주 올림픽이 열린다면 분명 금메달을 딸 것이다!

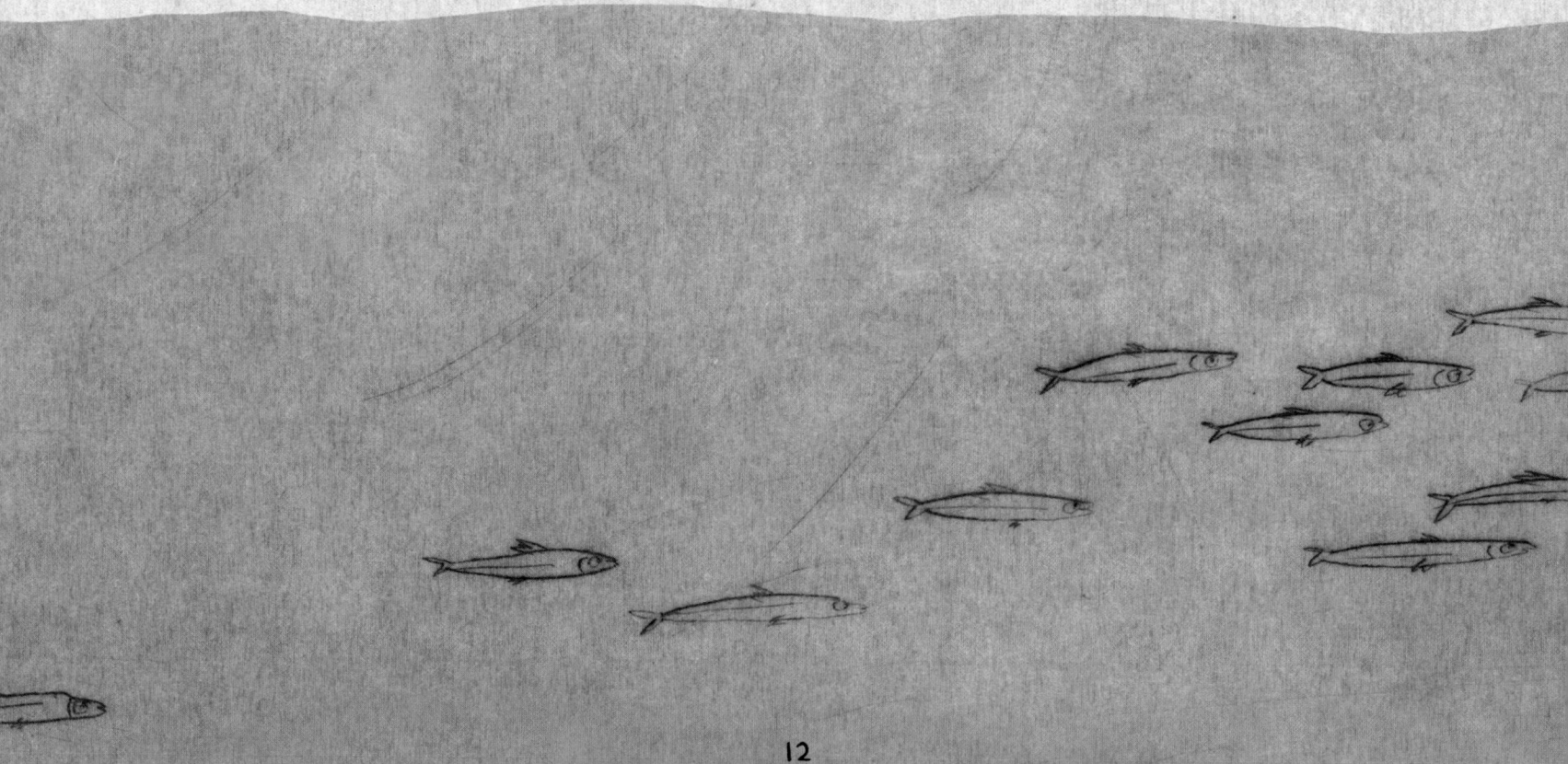

북극제비갈매기는 유럽, 아시아, 북아메리카에
걸친 북극권 주변의 해안에서 번식한다.
대부분 바다 옆의 큰 서식지에 함께 모여 둥지를 틀며,
매년 겨울이 되면 남극을 향해 남쪽으로 이주한다.

숲속에서 파닥파닥

멕시코의 높은 산림에는 공기가 나비와 함께 춤을 춘다. 겨울 태양 빛을 받으며 복숭앗빛 날개의 색종이 같은 조각들이 파닥인다. 멕시코전나무 가지 위에 수천 마리 이상의 나비 무리가 두꺼운 장막을 이룬다. 이 나비들의 수를 센다는 것은 거의 불가능하다. 수백만 마리도 넘을 것 같다.

제왕나비라 불리는 이 멋진 나비는 매년 겨울을 보내기 위해 몇몇 특별한 멕시코의 숲으로 모여든다. 애벌레로 태어나 성장했던 미국에서부터 이곳으로 이주해 온다. 일부는 캐나다 남부에서부터 5,000킬로미터 이상을 날아왔다.

미국 북쪽과 캐나다의 겨울 추위는 매우 혹독하므로, 제왕나비는 따뜻한 남쪽으로 이주한다. 멕시코의 산에서 나비는 안전하게 휴식할 장소를 찾는다. 작은 방해 요인들로 인해 공기 중에서 수천 마리가 잠시 파닥일지 모르지만, 다시금 옹기종기 모여 따뜻함을 유지하며 힘을 비축한다.

봄이 되면 나비는 알을 낳는다. 새로 태어난 제왕나비는 북쪽으로 이주하고, 이주 내내 계속해서 많은 알을 낳는다. 제왕나비가 알에서 태어나 자라서 알을 낳고 죽는 과정을 한 세대라고 하자. 이주 동안 3번의 세대가 지나고, 7월쯤 태어난 4번째 세대가 가장 북쪽 여름 집에 도착하며, 가장 오래 살아남는다.

늦은 9월이 되면, 멕시코를 향해 남쪽으로 긴 이주를 다시 시작하는 4번째 세대의 나비는 봄에 알을 낳고 죽는다. 제왕나비는 강한 기류의 도움을 받아 하루에 100킬로미터까지 이동할 수 있다. 몸무게가 클립보다도 가벼운 작은 곤충에게는 놀라운 여행이다. 곤충학자들은 4번째 세대의 나비가 이전에 한 번도 가보지 못했던 수천 킬로미터 멀리 떨어진 특별한 숲을 어떻게 찾아가는지 아직도 이해하지 못한다.

제왕나비는 북아메리카에서 번식하는 커다란 나비로, 겨울이 되면 더 따뜻한 멕시코를 향해 남쪽으로 이주한다. 이 나비의 한 세대는 멕시코와 미국을 왕복하는 이주를 끝내지 못하고, 한 번 왕복하는 이주를 하는 데 4세대가 걸린다.

여행 중인 댄서

아메리카흰두루미는 캐나다와 미국 북부에서 번식하는 매우 희귀하고 큰 새다. 이 커다란 새는 미국 남부 멕시코만 해변에서 겨울을 보내기 위해 매년 남쪽으로 이주한다.

두 마리의 키 큰 하얀 새는 공중에 뛰어오르며 날개를 활짝 펼친다. 둘은 아래위로 움직이며 서로를 돌고, 긴 목을 뻗었다가 머리를 낮게 숙인다. 그 모습은 마치 사람이 깃털로 장식하고 발레를 추는 것 같다. 이 새는 춤과 함께 노래도 부른다. 노래는 고음의 나팔 소리로 시작하여 다른 새들도 따라 노래하며 합창을 한다.

이 새는 아메리카흰두루미로, 미국 남부 해안가인 멕시코만 근처 습지에 모여 서식한다. 이곳에는 가을에 도착해서 겨울을 보내고, 봄이 다가오면 다시 북쪽을 향해 떠난다.

수컷과 암컷 한 쌍의 댄서가 추는 이 춤은 수년 동안 함께 둥지를 틀고 가까이 지낼 수 있도록 도와주는 매개체다. 다른 두루미 커플도 함께 춤을 춘다. 각 쌍들은 둥지를 만들고 새끼를 낳아 키울 때가 되었다. 그렇게 하려면 먼저 북쪽에 있는 땅으로 번식하러 돌아가야 한다. 키가 거의 1.5미터인 아메리카흰두루미는 북아메리카에서 가장 큰 새다. 또한 가장 희귀한 새 중 하나이다. 1941년에는 동물원의 2마리를 포함하여 오직 23마리만이 살아남아 있었다. 환경 보호 단체들이 이 동물을 보호하기 위해 열심히 노력한 결과, 지금은 야생에 약 400마리가 살고 있다.

아메리카흰두루미는 번식지인 미국 북부와 캐나다에서 겨울을 보낼 남쪽 멕시코만 지역까지 매년 4,000킬로미터를 이주한다. 새끼 두루미에게 먼저 이주하는 시범을 보이기 위해 환경 보호 단체들은 경비행기로 두루미와 함께 날았다! 북쪽에 도착하자마자 두루미는 숲 한가운데 있는 야생 습지에 둥지를 틀고, 한 마리의 새끼를 낳아 기른다. 오늘날 이 숲은 특별 보호를 받고 있다. 그리고 매년 두루미의 수가 증가하면서 이 새의 훌륭한 발레 공연은 점점 더 성대해지고 있다.

가자 아프리카로

짹짹, 짹짹, 짹짹! 제비가 줄 위에 나란히 앉아 있으면 마치 오선지 위의 음표 같다. 가을이 되어 첫 잎이 떨어지고, 낮의 길이가 짧아지고 밤이 추워지면, 새들은 제대로 잠들지 못한다. 영국의 겨울 날씨는 춥고 어두워 그곳에 계속 머무를 수 없게 된다. 이제 새들은 아프리카로 향할 시간이 되었다.

며칠 동안 제비 무리는 먹이를 먹고 힘을 기르며, 바람이 바뀔 때를 기다리다가 함께 떠난다. 앞으로의 여행은 힘든 여정이 될 것이다. 5주의 짧은 기간 동안 바다와 산맥 그리고 거대한 사하라 사막을 가로질러 10,000킬로미터 이상을 날아가야 한다. 극심한 폭풍과 굶주린 포식자가 기다리고 있는 그곳 위를 날아가야 한다.

그러나 모든 제비가 이런 여행을 하는 것은 아니다.

그러면 제비는 왜 이런 위험한 여행을 감행할까? 그 이유는 먹이인 곤충 때문이다. 민첩하고 작은 이 새는 여름 하늘을 채우며 날아다니는 벌레를 잡는 전문가다. 먹이를 덥석 잡아채서 땅과 연못 위를 휙휙 날아 배고픈 새끼가 기다리고 있는 둥지로 돌아간다. 이 새들의 둥지는 종종 오래된 건물에 있기도 하다. 그러나 겨울에는 곤충이 사라진다. 만약 새끼 제비가 영국에 그대로 머무른다면 먹을 것이 아무것도 없다. 그러므로 따뜻한 어딘가로 떠나야만 한다.

10월 말 대부분의 제비는 아프리카 남부에 도착한다. 이것은 여행의 끝을 의미한다. 그들은 많은 곤충을 잡아먹고, 사바나를 가로질러 떼 지어 다니며 4~5개월 동안 아프리카에 머문다. 하지만 3월까지는 둥지를 다시 지어야 하므로 유럽으로 돌아간다. 그들이 태어난 바로 그 건물로 돌아간다.

제비는 북반구에서 번식하고 곤충을 먹는 작은 새이다.
종종 농장 주변에 살며, 오래된 건물에 진흙으로 된 둥지를 짓는다.

높은 고도의 장거리 비행

눈을 감고 열대 지역의 섬으로 휴가를 갔다고 상상해 보자. 잠자리가 내 샌들에 앉았다. 발가락을 꼼지락거리면, 잠자리는 날개를 바스락거리며 날아간다. 하지만 다른 한 마리가 교대로 날아와 앉는다. 이 잠자리는 가운뎃손가락 정도의 길이에, 투명한 날개와 금빛 몸통을 가졌다. 하늘을 올려다보면, 공중에는 더 많은 잠자리가 휙휙 지나가거나 맴돌고 있고, 의자와 식탁에도 앉아 있다.

된장잠자리는 전 지구를 훑고 다닌다. 매년 11월 거대한 잠자리 떼가 인도양 가운데에 위치한 열도인 몰디브에 나타난다. 몇 주 후에는 좀 더 서쪽에 있는 세이셸에, 이후 12월에는 아프리카 동부 해변에 모습을 드러낸다. 수년 동안 사람들은 이 곤충이 어디서 왔는지 어떻게 그곳에 갔는지 궁금해하고 있다.

곤충학자들은 이제 된장잠자리가 인도에서 동아프리카로 이주한다는 것을 알고 있다. 이들은 1,000미터 이상의 고도로 여행하며, 인도양을 가로질러 남서쪽으로 섬과 섬 사이를 넘나든다. 열대 지방의 바람은 그 길을 따라 잠자리가 이동할 수 있게 도와준다. 그리고 잠자리는 비구름을 몰고 오는데, 잠자리가 새로운 섬에 도착할 때마다 비가 온다. 비는 잠자리가 산란하기 좋은 신선한 물이 되고, 잠자리는 그곳에 알을 낳는다. 알이 부화하고 6주 후, 유충은 여행할 수 있는 정도의 새끼 잠자리가 된다.

봄에 동아프리카에서 새 세대가 부화하면 인도로 모두 돌아간다. 잠자리는 1년 동안 4세대에 걸쳐 왕복 10,000 킬로미터 이상 여행한다. 이것은 곤충 중에 가장 긴 이주로, 셀 수 없이 많은 잠자리가 함께 여행한다. 잠자리를 따라 함께 이주하는 매, 벌잡이새 등 여러 새에게는 풍부한 먹이가 된다.

된장잠자리는 세계에 가장 널리 분포하는 잠자리이다.
인도부터 동아프리카까지의 4세대에 걸친 이주는
곤충 중에서 가장 길다.

떼 지어 다니는 물고기

우리가 6월의 화창한 남아프리카공화국 해변 위를 날고 있는 바닷새라고 상상해 보자. 아래에서는 푸른 바다가 반짝이고, 수평선을 따라 먼 해변이 펼쳐져 있다. 그런데 저것은 무엇일까? 바다에 어두운 얼룩이 있다. 낮게 날수록 더 커지는 것처럼 느껴지고, 해변을 따라 10킬로미터나 펼쳐져 있다. 처음에는 기름이 쏟아진 것처럼 보이지만 곧 얼룩이 서서히 동쪽으로 움직인다는 것을 알 수 있다. 아하! 기름이 아니라 물고기 떼다. 거대한 수백만 마리의 물고기 떼가 헤엄치고 있다. 남아프리카공화국의 유명한 '정어리 달리기'는 세계에서 가장 큰 이주다. 이 은빛의 작은 물고기는 매년 5월 모잠비크의 따뜻한 인도양 해변을 향해 북동쪽으로 이동하기 전에 남아프리카공화국 케이프주 앞바다의 차가운 물에 모인다.

이 거대한 물고기 떼는 많은 동물에게 풍성한 먹이가 되므로 곧 사냥꾼들이 몰려온다. 수천 마리의 돌고래와 상어가 물속에서 공격하고, 개닛이 하늘에서 잠수한다. 심지어 고래가 나타나서 거대한 입으로 삼킨다.
점점 거대한 떼는 수많은 작은 무리로 쪼개져 점점 작아진다. 과학자들은 왜 정어리가 이주하는지 완벽하게 이해하지 못하지만, 이 물고기가 차가운 물을 좋아한다는 것은 안다. 정어리의 여행은 매년 겨울 남아프리카공화국 해변 주변에서 동쪽으로 흐르는 찬 해류를 따라간다. 우리는 수많은 정어리가 어떻게 이주를 끝내는지는 모르지만, 내년 5월 정어리 달리기가 다시 일어난다는 것은 안다.

남아프리카정어리는 차가운 대서양의
남아프리카공화국 해변에서 번식하는 작은
물고기이다. 겨울에 거대한 물고기 떼가 동쪽으로
흐르는 찬 해류를 따라 따뜻한 인도양으로 이동한다.
이 이주는 '정어리 달리기'로 알려져 있다.

넓게 펼친 방랑하는 날개

섬에서 수천 마일 떨어진 남극해의 한가운데 폭풍이 격렬하다. 사나운 돌풍이 파도를 때리고 비는 큰 파도를 내리친다. 사나운 날씨 속에서 크고 흰 새가 날아온다. 거대한 날개를 펼쳐 활공하며, 파도를 향해 몸을 낮게 기울여 날개가 거의 수면에 닿을 만큼 내려간다.

이 어린 나그네앨버트로스는 폭풍을 전혀 신경 쓰지 않는다. 바람과 파도는 이 새의 집과 같다. 마지막으로 땅을 본 지도 수개월이 지났다. 엄청난 비행가의 3미터에 달하는 날개는 식탁 2개의 길이만큼 넓게 펼쳐진다.

나그네앨버트로스라는 이름이 붙여진 데에는 그럴 만한 이유가 있다. 다른 새와 달리, 이곳에서 저곳으로 다시 되돌아가는 이주를 하지 않는다. 대신 지구상의 대양에 큰 원을 그리며 먹이를 찾기 위해 꾸준히 날아다닌다.

이 앨버트로스는 10년 전 자신이 태어난 작은 바위 섬을 떠났다. 떠난 후 지구와 달 사이 거리의 약 4분의 1인 100,000킬로미터 이상의 거리를 계속 날아다니고 있다. 그동안 한 번도 땅에 내리지 않았다.

이제 1년 또는 2년이 지나면, 번식하기 위해 자신이 태어났던 바위섬으로 짝을 찾으러 돌아갈 것이다. 한 쌍의 새는 진흙으로 둥지를 만들고, 암컷은 그곳에 한 개의 크고 흰 알을 낳는다.

알이 부화하면 이들은 솜털을 가진 새끼를 약 7개월 동안 돌본다. 새끼 앨버트로스가 자라서 떠날 준비가 되면, 자신들만의 여행길을 위해 바닷바람 속으로 다시 날아오를 것이다.

남반구의 섬에서 번식하는 거대한 바닷새인 나그네앨버트로스는 먹이를 찾기 위해 바다를 돌아다닌다. 새끼 나그네앨버트로스는 성장하여 번식하기 위해 육지로 돌아오기 전까지 수년 동안 바다 위를 여행한다.

바다를 향해 흐르는 붉은 강

"앗, 차를 멈춰요. 잠깐 기다려 주세요! 도로를 가로질러 빨간 강물이 흐르고 있어요."
그런데 자세히 보니, 그것은 붉은 강물이 아니라 크고 빨간 수많은 게의 무리이다. 도로로 쏟아져 나온 빨간 집게발 떼가 반대쪽 울타리 아래로 바다를 향해 종종걸음 치고 있다.
이곳은 호주 북서쪽에 있는 크리스마스섬이고, 이 게들은 크리스마스섬붉은물게다. 붉은물게는 1년 대부분의 시간을 섬 내륙에 있는 숲속의 굴에서 산다. 굴은 이들을 뜨거운 태양으로부터 시원하고 촉촉하게 보호해 준다. 그러나 11월 우기가 시작될 무렵이면, 수백만 마리의 게들은 알을 낳기 위해 바다로 이주한다.
이동 기간은 일주일이다. 수컷은 먼저 출발해서 해변의 모래에 새로운 굴을 파고, 암컷이 도착하기를 기다린다. 암컷을 만나면 수컷은 숲으로 돌아오고, 암컷은 2주 동안 남아서 알을 낳기에 알맞은 때를 기다린다. 그리고 첫 만조가 되면 바다에 알을 낳고 숲으로 돌아온다.
알에서 나온 아주 작은 물게의 유생은 부화하자마자 파도에 쓸려 바다로 나간다. 그들은 바다에서 3~4주 동안 먹이를 먹으며 콩알만한 크기가 될 때까지 성장하여 육지로 돌아온다. 그 후 태양의 열기를 피할 수 있는 바위 밑이나 통나무가 있는 숲에 도달하는 데는 9일 정도 걸린다. 숲에 도착한 새끼 게는 4년 후에 알을 낳기 위해 바다로 가는 첫 이주를 준비할 것이다.
이주하는 게들에게 도로는 매우 위험하다. 그래서 크리스마스섬 사람들은 도로 옆에 특별한 울타리를 만들어 게들이 안전하게 바다를 오갈 수 있게 도와주었다. 덕분에 우리는 해마다 빨간 강이 흐르는 장관을 볼 수 있다.

바다 위에서 윙윙

새처럼 팔을 벌려 천천히 흔들어 보자. 그것은 그리 어렵지 않다! 그러면 이번엔 1초에 50번 팔을 흔들어 보자. 그것은 우리에게는 거의 불가능한 일이다! 하지만 붉은목벌새는 그 속도로 날갯짓하며 날아다닌다. 날개를 파닥이는 것이 너무 빨라서 곤충처럼 윙윙 소리가 난다.

빠른 날갯짓은 공중에서 멈출 수 있게 도와주어, 벌새는 공중에 정지한 채 긴 혀로 꽃의 달콤한 꿀을 먹을 수 있다. 심지어 이 새는 뒤로도 날 수 있다.

각설탕보다 가벼운 이 작은 새는 놀랍게도 바다를 가로질러 800킬로미터를 날아서 이주한다. 이주하면서 얼마나 많은 날갯짓을 해야 할지 상상조차 하기 어렵다. 매년 봄 중앙아메리카 열대 지역의 겨울 집을 떠나 북아메리카를 향해 북쪽으로 날아간다. 최대한 빨리 도착하기 위해 가장 빠른 경로인 넓고 푸른 멕시코만을 가로질러 날아간다.

붉은목벌새는 꽃의 꿀을 먹고 사는 작은 새다.
이 새는 북아메리카의 북쪽인 캐나다에서
번식하고, 겨울에는 열대 기후인 남쪽의
중앙아메리카로 이주한다.

이주하는 동안 내내 지치지 않는 이 새는 고깃배나 석유 굴착 장치에 잠깐 내려 앉기도 하지만 절대 시간을 지체하지 않는다. 다른 벌새보다 먼저 서식지에 도착해서 작은 컵 모양의 둥지를 지을 알맞은 장소를 차지해야 하기 때문이다. 4월쯤 대부분의 붉은목벌새는 북쪽 집에 도착해서 공원이나 정원의 나무에 둥지를 만들고 정착한다. 봄꽃은 벌새가 새끼를 키울 수 있도록 에너지가 되는 풍부한 꿀을 제공한다. 또한 벌새는 성장하며 배고파하는 새끼들을 위해 곤충도 잡아서 먹인다.

8월쯤, 새들은 둥지를 떠나 새로운 빠른 날갯짓을 시작한다. 새끼 새들은 그것을 빨리 배워야 한다. 9월이 되면 남쪽으로의 긴 여행길에 올라야 하기 때문이다.

높은 산 위에서

지금 홀로 높은 히말라야산맥의 산 위에 있다고 상상하며, 멀리서 들려오는 소리를 들어 보자. 그 소리는 눈 덮인 산등성이를 따라 얼어붙은 협곡 아래로부터 메아리쳐 온다. 아무도 살고 있지 않는 이곳에 한 무리가 가까이 다가오는 것처럼 소리가 점점 커진다. 누가 다가오고 있는 것일까?

잠시 후, 우리를 향해 날아오는 새들의 긴 줄이 보이면, 그제서야 들려오던 신비로운 소리가 이해된다. 그 소리를 내는 것은 바로 기러기 떼다. 그 새의 무리는 'V'자 모양을 그리며 날아온다. 목을 쭉 빼고 날개를 퍼덕이며, 우리의 머리 위를 지나간다. 하늘을 나는 트럼펫처럼 서로 연락하기 위해서 끼루룩끼루룩하며 날아간다.

이 새는 머리에 깔끔한 검정색의 줄무늬가 있다고 해서 줄기러기라는 이름이 붙여졌다. 여름에 중앙아시아의 호수에 둥지를 만든 한 쌍의 기러기는 4~5마리의 새끼를 낳아 기른다. 이후 가을이 되어 날씨가 추워지면 인도를 향해 남쪽으로 이주한다. 목적지에 도달하기 위해서는 지구에서 가장 높은 산맥인 히말라야산맥 위를 날아가야만 한다.

다른 새들은 이런 여행을 하기 어렵다. 높은 고도에서 온도는 영하로 뚝 떨어지고 공기는 매우 희박하여 새에게 위험하기 때문이다. 혹독한 환경에서도 날아서 이동하려면, 몸 전체로 산소를 순환시킬 수 있는 특별한 혈액 순환 체계가 있어야 하고, 급습해서 공격하는 검독수리를 재빨리 피할 수 있어야 한다.

인도에 도착하면 기러기들은 충분히 휴식을 취하며 체력을 회복한다. 무성하고 따뜻한 습지에서 풍부한 풀을 찾아 먹으며 새끼들은 건강하게 자란다. 북쪽의 번식지로 다시 되돌아가야 하므로 봄까지는 높은 산맥을 넘어서 이주할 만반의 준비를 갖추어야 한다.

백상아리는 가장 큰 육식 상어다. 이 상어는 해안가나 섬 주변에서
물범처럼 큰 먹이를 사냥하며, 세계 곳곳의 차가운 물에서 산다.
먹이를 찾아 대양을 가로질러 이주하기도 한다.

한 곳에 머무르지 않는 크고 흰 상어

백상아리는 꼬리를 휙휙 흔들며 깊고 푸른 바닷속을 헤엄쳐 나아간다. 이 거대한 바닷물고기의 몸길이는 5미터로, 차 2대 길이에 맞먹는다. 또한 물범을 반 토막 낼 수 있는 이빨을 가진 지구상에서 가장 무서운 포식자 중 하나다. 하지만 이 상어는 이주하는 일주일 동안은 사냥도 하지 않고 아무것도 먹지 않는다. 백상아리는 주로 해안가 주변에서 먹이를 찾는데, 가장 좋아하는 먹이는 새끼 물범이다. 그런데 물범은 그들의 번식지에 1년 내내 머무르지 않고 다른 곳으로 이주한다. 그러면 백상아리도 따라서 이동해야 한다. 물범이 번식지를 비울 때, 백상아리도 남아프리카의 해안을 떠난다. 지금은 인도양을 가로질러 호주 해안까지 10,000킬로미터의 장대한 여행 중이다. 호주에 도착할 때쯤 물범은 다시 번식 중일 것이고, 사냥할 먹이도 풍부해질 것이다.

대양 한가운데서 먹이를 찾는 것은 매우 힘든 일이므로,

백상아리는 사냥하는 데 시간을 낭비하지 않는다. 그들은 간 주위에 비축한 지방으로부터 에너지를 얻는다. 이 지방은 남아프리카 공화국에 있을 때 많은 물범을 먹고 축적해 놓은 것이다. 뿐만 아니라 이동 중 에너지를 절약하기 위해 이주하는 동안 물속 깊은 곳에서 아주 천천히 표류하듯 이동하다가, 속도를 내야 할 때가 되면 수면 위로 올라와 헤엄친다.

백상아리는 다른 상어들보다 더 멀리 이주한다. 해양생물학자들은 상어의 지느러미에 위치 추적 장치를 부착하여 어디로 이동하는지 신호를 추적해 상어의 이주 경로에 대해 알아냈다. 상어는 호주 해안에 도착하기까지 여행을 멈추지 않는다. 그곳에 도착하면 물범을 찾는다!

초대형 동물의 여행

남아프리카의 건조한 칼라하리 지역에는 6개월 동안 비가 오지 않는다. 풀은 누렇게 마르고, 강바닥은 바싹 말라 쩍쩍 갈라진다. 이처럼 건조해지면 동물들은 물을 찾아 이동한다. 코끼리 무리는 먼지가 풀풀 나는 덤불을 헤치고 몸을 흔들흔들하며 일렬로 이동한다. 긴장한 새끼 코끼리는 어미에게 가까이 붙어 걸어간다. 대열의 선두에 있는 늙은 암컷 코끼리가 이 무리의 우두머리이다.
암컷 우두머리는 50년 동안 칼라하리를 가로질러 오가며 여행해 왔다. 이 우두머리의 기억 속에는 이 지역의 완벽한 지도가 있다. 어디서 먹이를 찾을 수 있는지, 어떻게 위험을 피하는지를 모두 알고 있는 우두머리가 목마른 무리를 이끌고 간다.
매년 더운 건기 때마다 코끼리들은 목적지를 확실하게 알고 있는 우두머리를 따라 오카방고라 불리는 거대한 습지로 이주한다. 그곳에서 넓은 풀밭이 있고, 마실 물이 충분한 물웅덩이나 강을 찾는다.
코끼리 가족들은 수백 마리의 무리를 형성하며 함께 이주한다. 목적지에 도착하여 물을 만나면 코끼리들은 매우 흥분하여 코로 물을 빨아들여서 입으로 내뿜는다. 어린 새끼들은 물웅덩이 안에 들어가 첨벙첨벙하고 뒹군다. 조금 더 자란 코끼리들은 물로 다가오는 다른 동물들을 흩어지게 하면서 시끄러운 격투를 벌인다. 심지어 사자도 이들에게 다가가지 못한다.
비가 다시 내리기 시작하면, 땅은 삽시간에 푸르게 변하며 새 생명으로 가득해지고, 어디에나 먹을 것과 물이 풍부해지므로, 거대한 코끼리 무리는 다시 암컷 우두머리와 함께 칼라하리로 향한다. 이들은 내년에 길을 떠나기 위해 다시 암컷 우두머리를 찾을 것이다.

아프리카코끼리는 세계에서 가장 큰 육지 동물이다.
걷기 동안 코끼리 무리는 먹이와 물을 찾기 위해 긴 거리를 이주한다.
다 큰 성체는 하루에 200리터의 물을 마신다.

태평양 연어는 대서양과 태평양 북쪽 지역에서 발견되는 큰 물고기이다. 성체는 대부분의 삶을 바다에서 보내지만 알을 낳기 위해 태어났던 강의 상류로 이주한다.

상류로 거슬러 올라오는 연어

앞으로, 앞으로! 위로, 위로! 강은 아래로 흐르면서 바위를 치고, 급류를 만드는데, 이 완강한 이주자는 강을 거슬러서 올라오기 위해 사투를 벌인다. 연어는 강물의 흐름을 거슬러 헤엄치기 위해 엄청난 힘이 필요하다. 급류에서 물 밖으로 날아오르고, 때로는 공중을 가로지르며 2미터 높이로 뛰어오르기도 한다. 그 어떤 것도 연어를 막을 수는 없어 보인다.

연어는 잔잔하고 깨끗한 곳을 찾아 더 위쪽의 상류로 향한다. 그곳에 도착하면 암컷은 각자 강바닥의 자갈에 알을 5,000개까지 낳는다. 이 물고기는 태평양에서부터 수천 킬로미터의 거리를 여행해 왔다. 수년 동안 바다에서 살던 연어는 이제 바다를 떠나 자신이 태어났던 곳인 강으로 되돌아온다. 그리고 삶의 마지막 여행을 마친 연어는 산란하자마자 죽는다.

모든 연어가 상류에 도달하는 것은 아니다. 털옷을 입은 사냥꾼, 굶주린 큰곰은 겨울 동안 살찌우기 위해 매년 강비탈을 따라 모여 물속에서 연어를 낚아채 잡아먹는다. 흰머리수리도 죽은 물고기를 먹기 위해 아래로 내려온다. 이제 이 강에 남겨진 성체 연어는 하나도 없다.

알에서 막 부화한 연어의 치어는 물에서 작은 플랑크톤을 먹고 자라, 몇 주 후에 강 하구를 향해 아래로 아래로 헤엄친다. 마지막으로 짠 바닷물에서 살아갈 준비가 완료되면 바다로 나가 헤엄친다. 바다에서 4년 또는 그 이상을 성장하면서 먼 거리를 여행하며 생활한다. 이후 어느 봄날, 태어났던 강 하구로 다시 되돌아온다. 산란하기 위해 상류로 거슬러 올라오면 그것이 그들의 마지막 여행이 될 것이다.

물고기를 향해 멀리 넓게

첨벙! 물수리는 물속에 발을 넣어 날카로운 발톱으로 물고기를
움켜쥐고 하늘로 날아오른다. 날개를 열심히 펄럭이며 해변 위를
날아가 미끄러운 물고기를 바오바브나무 위에 내려 놓는다.
이제 식사 시간이다.

화창한 10월의 아침, 여기는 아프리카 서쪽 해안이다. 이 물수리는
스코틀랜드로부터 온 힘을 다해 날아왔다. 지난 5월, 구주소나무
꼭대기의 큰 나뭇가지 둥지에서 4마리의 새끼 중 하나로 태어났다.
여름 내내, 어미 새는 매일 신선한 물고기를 가져다주며 새끼를
돌보았고, 새끼들은 충분히 크고 강하게 자라서 8월까지 물고기
잡는 법과 나는 법을 배웠다.

9월, 물수리는 겨울에도 따뜻한 아프리카로 혼자 출발했다.
남쪽으로의 긴 여행은 영국 해협과 프랑스, 스페인의 해변을
가로지른다. 물고기를 잡기 위해 호수에 잠시 들르기도 하면서,
도시와 농장 위를 높게 날아왔다. 때로는 폭풍이 지나가기를
며칠 동안 기다리기도 했다.

지금은 열대 해안에서 원숭이를 비롯한 다른 아프리카 동물들과
서식지를 공유하면서 겨울을 보내고 있다. 매일 아침 어부가
고깃배에서 낚시하는 것처럼, 물수리는 물고기를 잡기 위해
바다 위를 날아다닌다.

이듬해 3월 물수리는 스코틀랜드를 향해 북쪽으로의 긴 여행을
시작할 것이고, 4월쯤이면 태어났던 호수 근처에 도착하여 짝을
찾을 것이다. 그들은 둥지를 만들고 새로운 가정을 꾸밀 것이다.

물수리는 물고기만 먹는 큰 새다. 북유럽에서 번식한 물수리는 아프리카에서 겨울을 보내기 위해 매년 남쪽으로 이주한다.

풀을 찾아 이동하는 발굽들

동아프리카의 세렝게티 초원 저 멀리서 폭풍이 시작되면, 검은꼬리누는 풀을 뜯는 것을 멈추고 머리를 든다. 천둥이 우르르 쾅쾅 울리고 번개는 지평선에서 번쩍이며, 저 멀리 보이는 큰 강에는 비가 내린다. 내일이면 그곳은 무성하고 푸른 풀로 사방이 뒤덮여 전혀 다른 풍경이 펼쳐질 것이다. 누가 마지막으로 비를 보았던 것은 몇 달 전이다. 지금 서 있는 이 평원에는 먹을 수 있는 풀이 거의 남아 있지 않고, 땅은 바짝 말랐다. 저 멀리 비의 냄새가 느껴진다. 이제 이곳을 떠나 새로운 풀이 자라는 곳으로 향해야만 한다.

작은 무리가 이동하기 시작한다. 이후 무리는 점점 더 커지고, 곧 수천 마리의 굶주린 누가 함께 이동한다. 먼지투성이의 땅을 가득 메우는 거대한 띠를 형성하며 터벅터벅 걸어간다. 이들과 다른 동물들도 함께 이주한다. 줄무늬 얼룩말과 앙증맞은 가젤 등 모두 비가 내리는 곳을 향해 간다.

여행은 길고 힘들다. 이주하는 동물은 꼭꼭 붙어서 매복하고 있을지 모르는 포식자를 경계한다. 사자는 덤불 뒤에 숨어 있고, 하이에나는 주로 밤에 공격한다.

마침내 강에 도달하면, 누는 강가에 모여서 건너기 좋은 장소를 찾는다. 무작정 강을 건너는 것은 매우 위험한 일이다. 강의 물살은 세고, 그 강물 속은 거대한 악어로 가득하다. 하지만 한 마리가 뛰어들면 다른 누도 따라 뛰어든다. 곧 수천 마리가 강으로 뛰어들어 온 힘을 다해 헤엄친다.

강 건너편에 다다른 누는 신선하고 푸른 목초지를 찾는다. 이제 다시 통통하고 건강하게 살 수 있다. 어미는 새끼를 낳고, 신선한 풀을 먹으며 아직 비틀거리는 새끼에게 젖을 먹인다. 비가 멈추면 무리는 다시 이동해야 하기 때문에 새끼들은 빨리 자라야 한다.

검은꼬리누는 조랑말 크기의 아프리카 영양이다. 큰 무리는 탁 트인 평원에 살고 풀을 먹는다. 매년 새로운 풀이 자라는 비가 내리는 곳으로 이주한다.

과일이 좋아

카산카 숲에 새벽이 다가오자, 셀 수 없이 많은 퍼덕이는 날개들로 하늘이 어두워진다. 깃털 달린 새의 날개가 아니라 부드러운 가죽으로 된 볏짚색과일박쥐의 날개다. 하늘을 가득 메운 수천 마리의 박쥐는 나무 곳곳에서 쉴 장소를 찾기 위해 퍼덕거리며 서로 다툰다.

박쥐는 도착해서도 빽빽 소리지르며 수다를 떤다. 나무에 앉을 때, 발톱으로 나뭇가지를 붙잡고 거꾸로 매달려서 흔들거린다. 안정감을 느끼면 눈을 감고 낮 동안 잘 준비를 한다.

볏짚색과일박쥐는 날개 길이가 80센티미터인 아프리카의 큰 박쥐 중 하나다. 이 박쥐의 이름은 노란색 가죽에서 유래했다. 매년 수백만 마리의 박쥐가 중앙아프리카에서 카산카로 이주한다. 이 잠비아의 작은 숲은 축구장 4개보다 작지만, 매년 11월 천만 마리의 박쥐가 여기로 날아온다. 일부는 도착하기 위해 2,000킬로미터보다 더 먼 거리를 날아왔다. 이는 아프리카의 어떤 포유동물보다도 긴 이주다.

왜 이곳으로 오는 것일까? 바로 과일 때문이다! 11월 카산카 숲의 나무는 야생 망고 등 맛있는 과일로 가득하다. 박쥐는 해가 질 때 일어나서 밤새 먹는다. 밤이 끝나가면, 쉬기 위해 나무로 다시 되돌아간다. 여기서 낮 동안 공격할지도 모르는 아프리카바다수리와 같은 포식자로부터 몸을 숨긴다.

1월이면 카산카 숲의 나무에 열린 과일이 모두 사라진다. 이제 박쥐는 떠날 시간이다. 중앙아프리카를 향해 밤에 이동한다. 아무도 박쥐가 어디로 가는지 정확하게 알지 못한다. 하지만 1년 후, 나무에 과일이 다시 열리면 되돌아올 것이다.

볏짚색과일박쥐는 아프리카에서 가장 큰 박쥐 중 하나이다. 많은 무리가 중앙아프리카 전역에 서식한다. 우기에 과일을 찾을 수 있는 잠비아의 카산카와 같은 특별한 장소로 이주한다.

거북의 귀환

달빛이 가득한 대서양 어센션섬에 파도가 부서진다. 파도가 밀려나면서, 젖은 모래에 뭔가 남겨져 있다. 처음에는 크고 둥근 바위처럼 보이지만, 곧 움직이기 시작한다. 바다거북이다. 지친 두 지느러미발을 저으며 해변 위로 몸을 천천히 움직인다. 성인 남자 2명의 무게와 맞먹는 이 거대한 바다 파충류는 이곳으로 오기 위해 1,000킬로미터를 헤엄쳤다. 지난 2년 동안 브라질 대서양 해안가 근처에서 먹이를 먹고 있었지만, 지금은 알을 낳기 위해 어센션섬으로 되돌아왔다. 이들은 여기서 태어났고, 이 해변을 잘 알고 있다.

매년 수천 마리의 바다거북은 어센션섬에서 번식하기 위해 대서양을 가로질러 이주한다. 섬에 도착하면 수컷과 암컷은 연안의 따뜻한 물에 모인다. 산란할 준비를 마친 암컷은 해안으로 간다. 어두워진 후, 암컷들은 앞다투어 해변에서 제일 높은 마른 모래에 기어 올라가 지느러미 발로 깊은 구멍을 파서 부드럽고 동그란 알 50개를 낳는다. 구멍을 모래로 덮은 후, 다시 바다로 돌아간다.

6~8주 후에 알이 부화한다. 귤 하나 정도 크기의 새끼는 스스로 구멍을 파고 나와 바다를 향해 종종걸음 친다. 이후 10년 동안 바다를 여기저기 멀리 돌아다니면서 크게 성장한다. 먹이는 작은 동물부터 해초 같은 바다 식물까지 매우 다양하다. 새끼 거북은 번식이 가능할 만큼 성장하면, 태어난 해변으로 되돌아온다. 특히 암컷은 2년 또는 3년마다 알을 낳기 위해 돌아와 많은 알을 낳는다. 거북은 80년까지도 살 수 있다.

바다거북은 전 세계 열대 바다의 해안가나 섬에서 둥지를 트는 큰 바다 파충류다. 성장하는 동안 폭넓게 여행한다. 이후 번식하러 태어났던 해변으로 되돌아온다.

세계 지도 속 이주 동물

지도에는 이 책에서 소개한 동물들의 이주 여행이 모두 담겨 있다. 그러나 그중 일부는 여기에 표시하지 못한 다른 여행을 하기도 한다.

이주에 관한 놀라운 사실

- 사람들이 새의 이주를 완전히 이해하기 시작한 것은 고작 150년 전부터다. 과거 동물학자들은 제비가 개구리처럼 겨울 동안 연못 아래에서 겨울잠을 잔다고 생각했다!
- 혹등고래는 160킬로미터 이상 떨어진 곳에 있는 다른 혹등고래의 바닷속 노래를 들을 수 있다. 이 능력으로 긴 여행 동안 서로 연락할 수 있다.
- 벌새는 이주하는 동안 땅에 내려앉지 않고 하늘에서 날갯짓하면서 10개월 동안 먹고 잘 수 있다.
- 믿을 수 없이 방대한 이주도 있었다. 1849년 수백만 마리의 스프링복(작은 영양)이 남아프리카공화국의 한 도시를 모두 통과하는 데 자그마치 4일이 걸렸다.
- 많은 새들은 밤에 이주하며, 달과 별을 보고 방향을 정한다.

동물들의 안전한 이주를 위하여

이주하는 동물은 험난한 날씨부터 굶주린 포식자까지 수많은 자연의 위험에 맞닥뜨린다. 하지만 오늘날 가장 무서운 위험은 사람에 의해 만들어진다. 아프리카의 소 울타리는 이주하는 영양의 길을 막고, 고래와 같은 여러 바다 동물은 그물에 얽히고, 고운 소리를 내며 이주하는 백만 마리의 새는 이주 도중 사냥꾼에게 잡힌다.

숲을 가르고, 바다를 오염시키고, 습지의 물을 빼내는 등, 사람들은 동물들이 이주할 중요한 자연 서식지를 훼손하고 있다. 오늘날 동물들에게는 우리의 도움이 필요하다. 이주하는 경로는 많은 나라를 지나므로, 전 세계 각 나라의 정부와 환경 보호 단체는 이주하는 동물들을 보호하기 위해 함께 노력해야 하며, 동물들이 서식하고 이주하는 곳을 보호해야만 한다.

이주하는 동물들

1. 혹등고래
2. 황제펭귄
3. 카리부
4. 북극제비갈매기
5. 제왕나비
6. 아메리카흰두루미
7. 제비
8. 된장잠자리
9. 남아프리카정어리
10. 나그네앨버트로스
11. 크리스마스섬붉은물게
12. 붉은목벌새
13. 줄기러기
14. 백상아리
15. 아프리카코끼리
16. 태평양 연어
17. 물수리
18. 검은꼬리누
19. 볏짚색과일박쥐
20. 바다거북

힘든 여정을 보내고 있는 사랑하는 나의 딸 플로에게
M.U.

10,500 마일 멀리 있는 나의 진취적인 누이 개비에게
J.D.

동물들의 기나긴 여행
초판 1쇄 발행 2020년 5월 20일 | 초판 2쇄 발행 2022년 3월 21일 | 글쓴이 마이크 언윈 | 그린이 제니 데스몬드
옮긴이 안성호 | 펴낸이 권종택 | 펴낸곳 (주)보림출판사 | 출판등록 제406-2003-049호 | 주소 10881 경기도 파주시 광인사길 88
전화 031-955-3456 | 팩스 031-955-3500 | 홈페이지 www.borimpress.com
ISBN 978-89-433-1299-2 74490 / 978-89-433-1174-2(세트)

MIGRATION
Text © Mike Unwin, 2018 Illustrations © Jenni Desmond, 2018 together with the following acknowledgment.
This translation of MIGRATION : INCREDIBLE ANIMAL JOURNEYS is published by Borim Press
by arrangement with Bloomsbury Publishing Plc through KCC(Korea Copyright Center Inc.), Korea.

이 책의 한국어판 저작권은 (주)한국저작권센터(KCC)를 통해 Bloomsbury Publishing Plc.와 독점 계약한 (주)보림출판사에 있습니다.
저작권법에 따라 보호를 받는 저작물이므로 무단 전재와 무단 복제를 금합니다.
⚠ 주의 책 모서리가 날카로우니 던지거나 떨어뜨리지 마세요. (사용연령 3세 이상)